KB057599

손으로 쓰고
머리에 새기는

영어 알파벳 처음 쓰기

AST Jr. English Lab

사람in
saram in.com

영어 알파벳 처음 쓰기 2nd Edition
Alphabet Zoo

저자 | AST Jr. English Lab
초판 1쇄 발행 | 2014년 8월 11일
개정판 1쇄 발행일 | 2021년 12월 8일

발행인 | 박효상
편집장 | 김현
기획 · 편집 | 김설아, 하나래
표지 · 본문 디자인 | the PAGE 박성미
디자인 | 이연진
마케팅 | 이태호, 이전희
관리 | 김태옥

종이 | 월드페이퍼
인쇄 · 제본 | 예림인쇄 · 바인딩

출판등록 | 제10-1835호
발행처 | 사람in
주소 | 04034 서울시 마포구 양화로11길 14-10(서교동 378-16) 3F
전화 | 02) 338-3555(代) 팩스 | 02) 338-3545
E-mail | saramin@netsgo.com
Website | www.saramin.com

:: 책값은 뒤표지에 있습니다.
:: 파본은 바꾸어 드립니다.

ISBN 978-89-6049-923-2 13740

우아한 지적만보, 기민한 실사구시 사람in

Contents

How to Use This Book

알파벳을 따라 쓰며 26개 알파벳을 모두 배워 봅시다.

친근한 동물들의 일부 모습이 알파벳에 숨어 있어요.
낯설지 않게 알파벳을 익힐 수 있어요.

순서에 따라 알파벳을 손으로 쓰며
머리에 새겨 보세요.

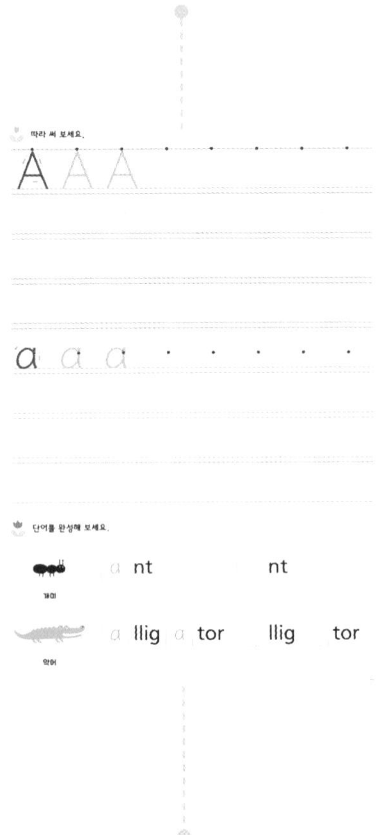

목표 알파벳을 눈으로 찾아 보세요.
대문자와 소문자를 익힐 수 있어요.

선생님의 학습 가이드가 녹음된 MP3를
듣고 동물의 이름을 따라 읽어 보세요.
저절로 암기할 수 있어요.

TIP 사람in 홈페이지(www.saramin.com) 자료실에서 선생님의 학습 가이드를 녹음한 MP3를 다운받아 활용하면 더욱 재미있게 동물 친구들을 만날 수 있답니다.

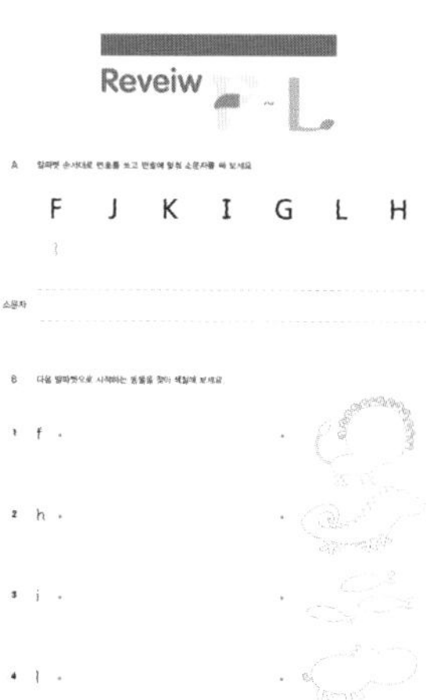

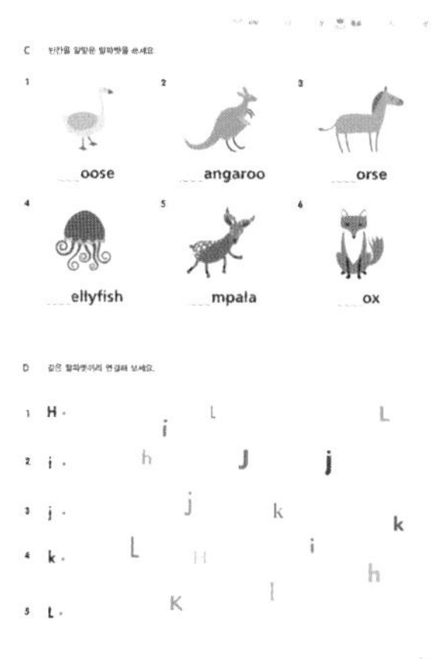

앞에서 배운 알파벳과
동물의 이름을 재미있게
복습할 수 있어요.

지금까지 배운 알파벳을
순서대로 쓰는 연습을 해 보세요.
다시 한번 확인할 수 있어요.

일상생활에서 자주 쓰는
초등 필수 영단어 맛보기예요.
따라 쓰며 쉽게 머리에
남길 수 있어요.

[에이]

시작 시 분 종료 시 분

글자를 찾아보세요.

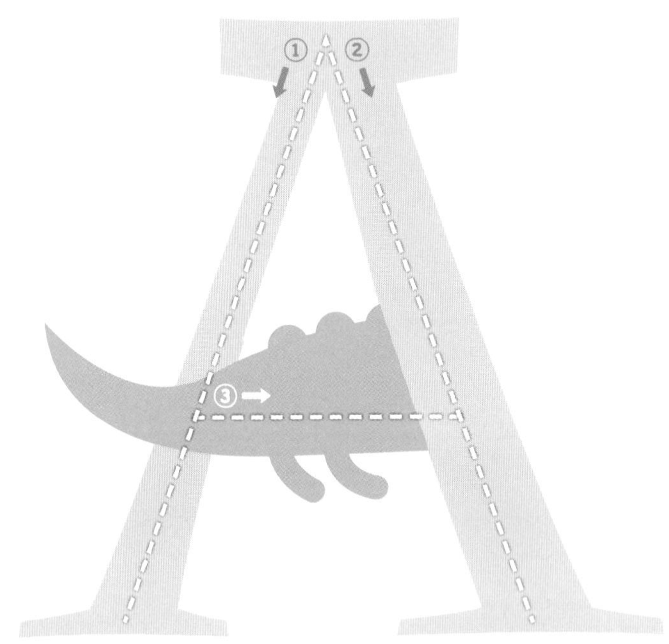

대문자 A와 소문자 a를 찾아 동그라미를 하고, 그 개수를 세어 보세요.

* a, ɑ, ɑ 모양은 다르지만 다 똑같이 '에이'예요.

대문자 **A** [ ] 개 / 소문자 **a** [ ] 개

따라 써 보세요.

A A A

a a a

단어를 완성해 보세요.

a nt | nt

개미

a llig a tor | llig tor

악어

[비]

시작 시 분 종료 시 분

글자를 찾아보세요.

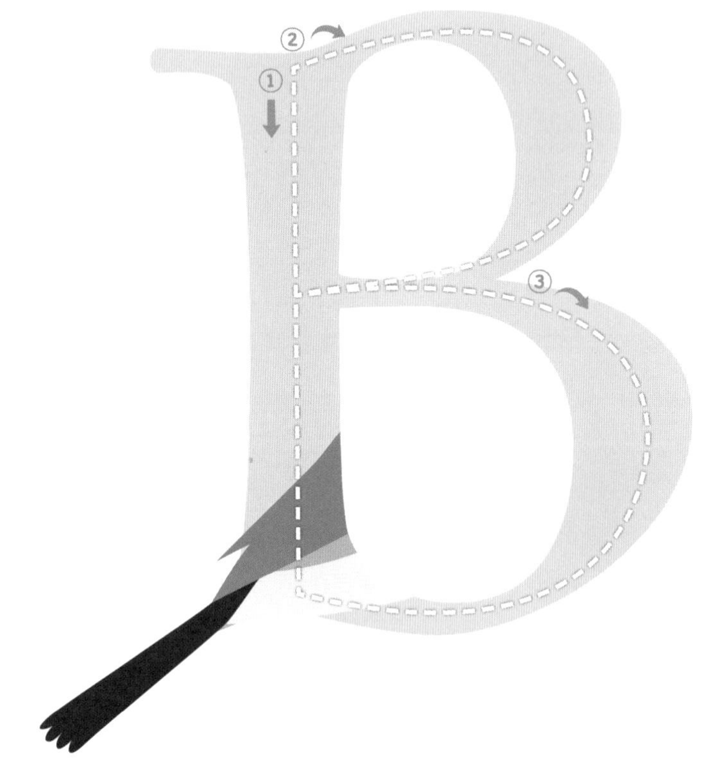

대문자 B와 소문자 b를 찾아 동그라미를 하고, 그 개수를 세어 보세요.

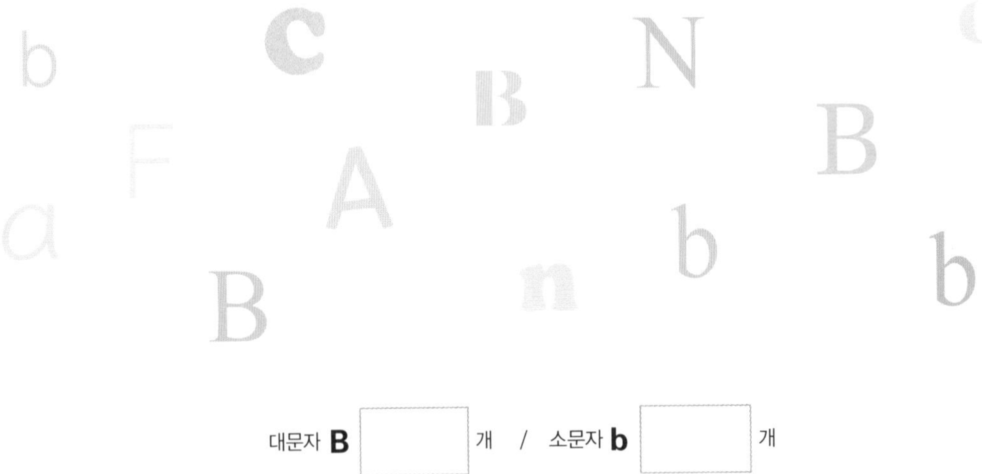

대문자 **B** [ ] 개 / 소문자 **b** [ ] 개

따라 써 보세요.

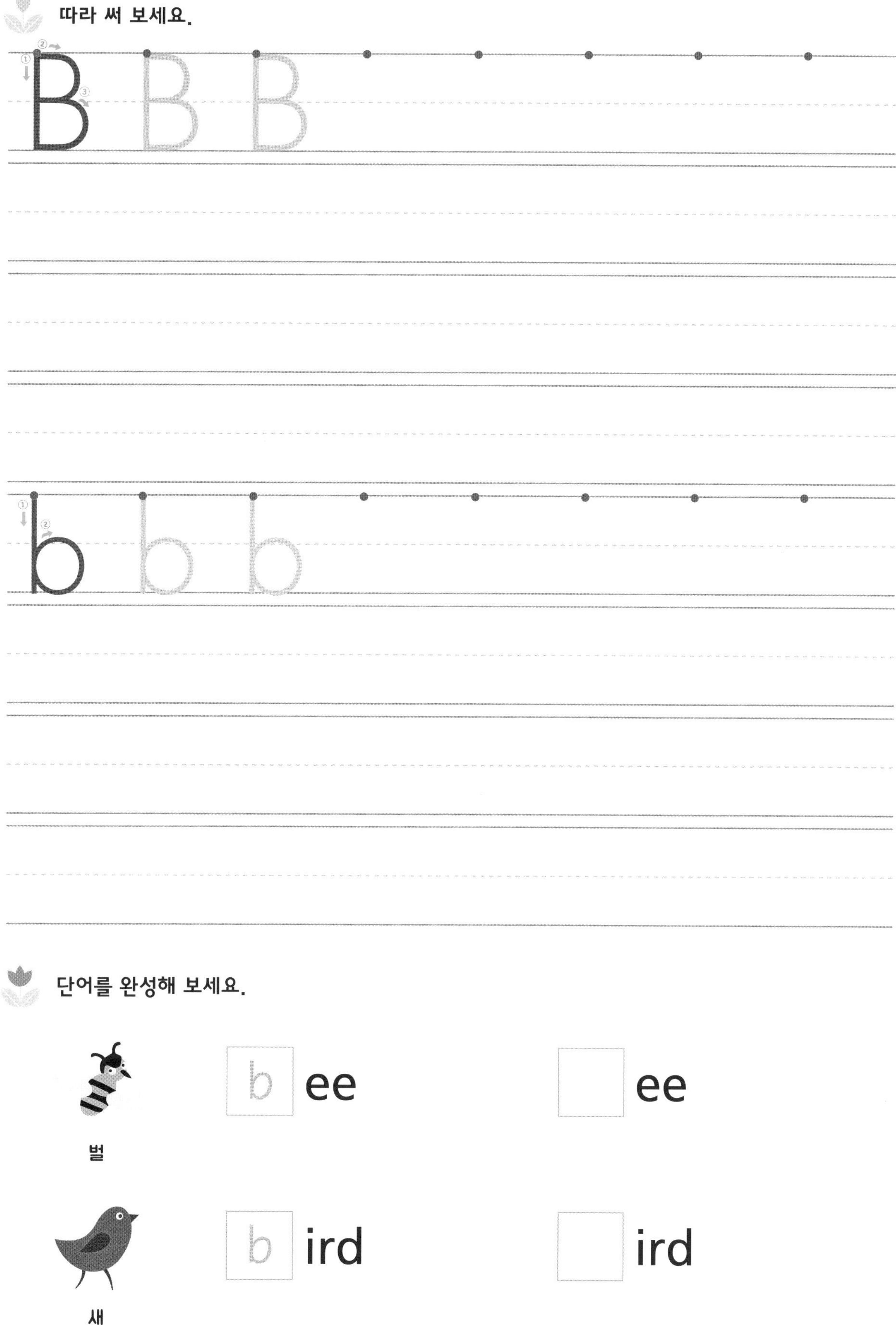

단어를 완성해 보세요.

벌

b ee | ee

새

b ird | ird

글자를 찾아보세요.

대문자 C와 소문자 c를 찾아 동그라미를 하고, 그 개수를 세어 보세요.

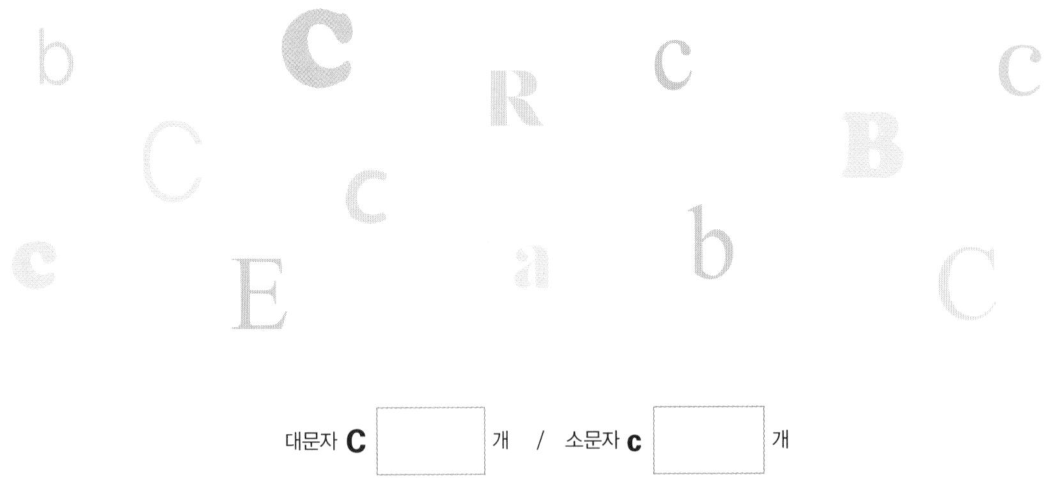

대문자 C [ ] 개 / 소문자 c [ ] 개

따라 써 보세요.

C C C

c c c

단어를 완성해 보세요.

고양이

c at

at

젖소

c ow

ow

[디]

시작 시 분 종료 시 분

글자를 찾아보세요.

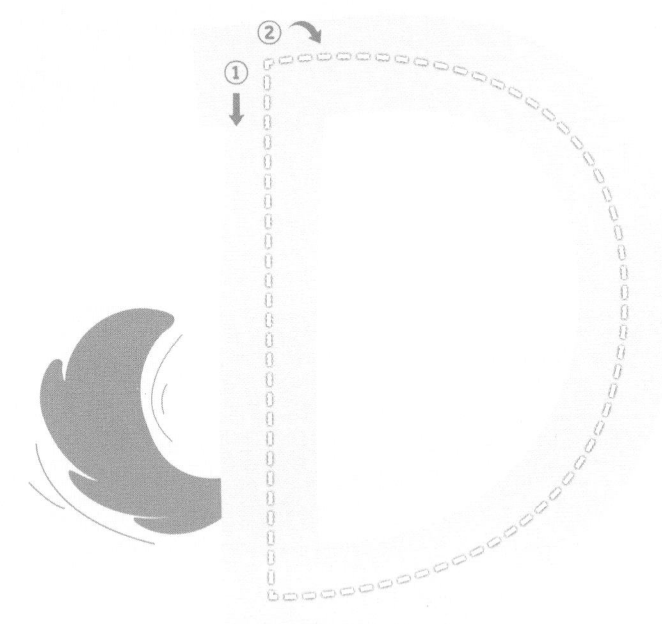

대문자 D와 소문자 d를 찾아 동그라미를 하고, 그 개수를 세어 보세요.

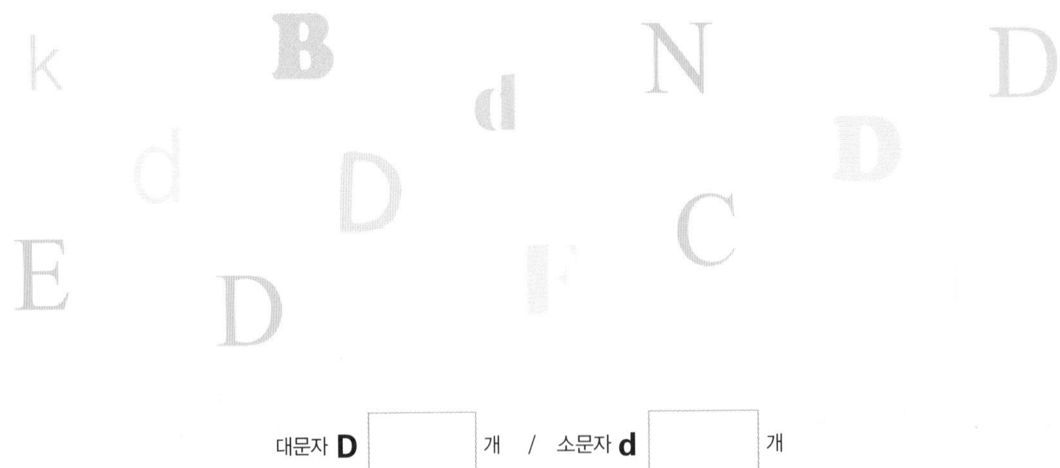

대문자 **D** [ ] 개 / 소문자 **d** [ ] 개

따라 써 보세요.

D D D

d d d

단어를 완성해 보세요.

개 d og og

사슴 d eer eer

[이]

시작 시 분 종료 시 분

글자를 찾아보세요.

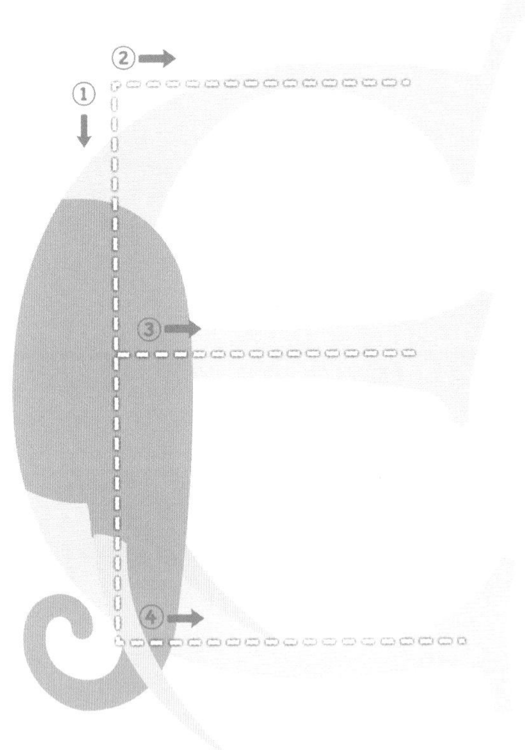

대문자 E와 소문자 e를 찾아 동그라미를 하고, 그 개수를 세어 보세요.

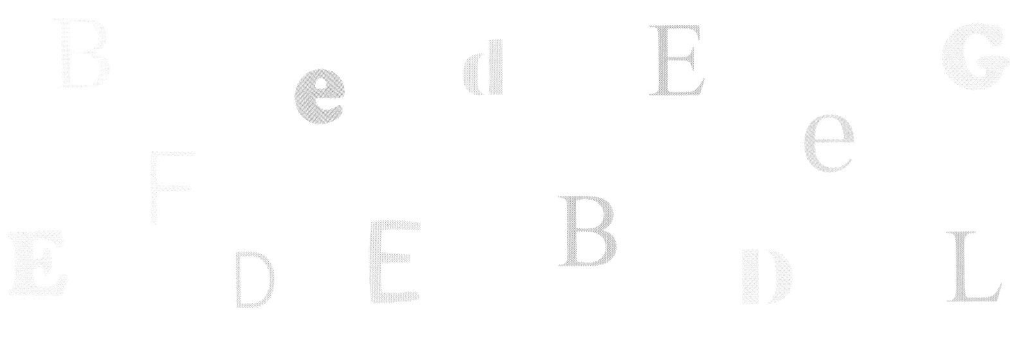

대문자 **E** [ ] 개 / 소문자 **e** [ ] 개

따라 써 보세요.

E E E

e e e

단어를 완성해 보세요.

코끼리

e l e phant   l phant

독수리

e agl e   agl

A 알파벳 순서대로 번호를 쓰고 번호에 맞춰 소문자를 써 보세요

A	C	B	D	E
1				

소문자

B 다음 알파벳으로 시작하는 동물을 찾아 색칠해 보세요.

1 a

2 b

3 c

4 d

시작 시 분 종료 시 분

C 빈칸을 알맞은 알파벳을 쓰세요.

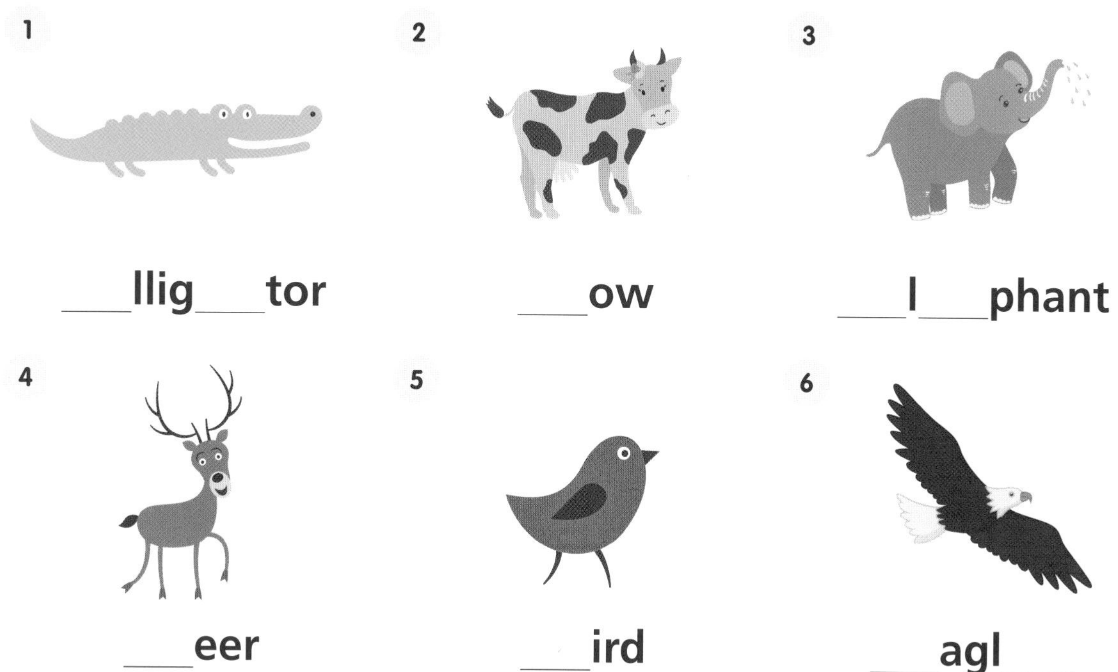

D 같은 알파벳끼리 연결해 보세요.

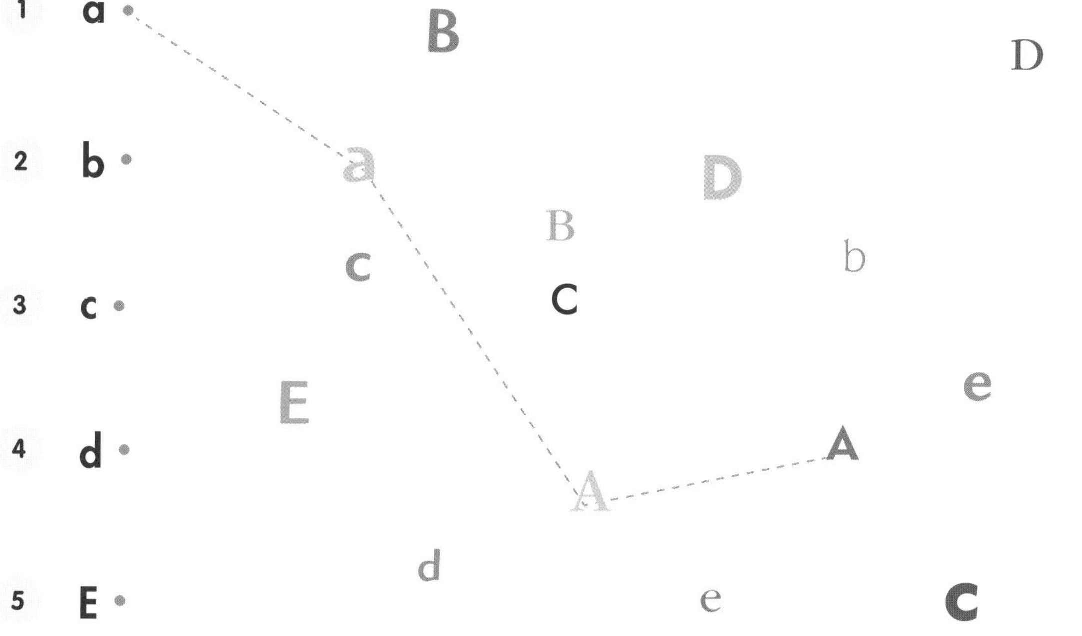

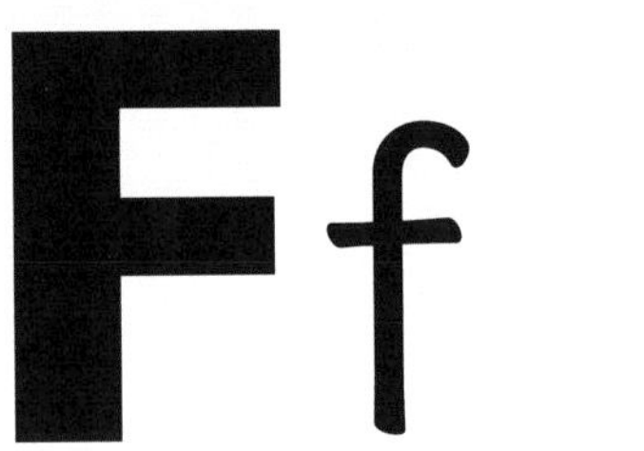

[에프]

시작 시 분 종료 시 분

글자를 찾아보세요.

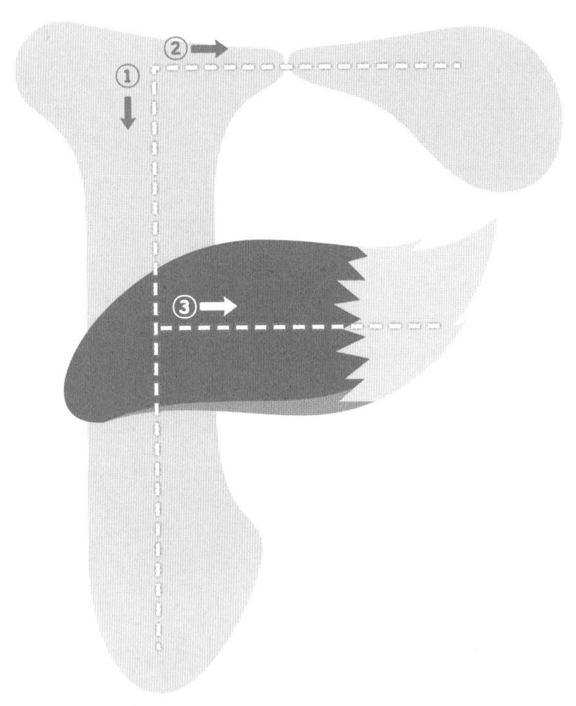

대문자 F와 소문자 f를 찾아 동그라미를 하고, 그 개수를 세어 보세요.

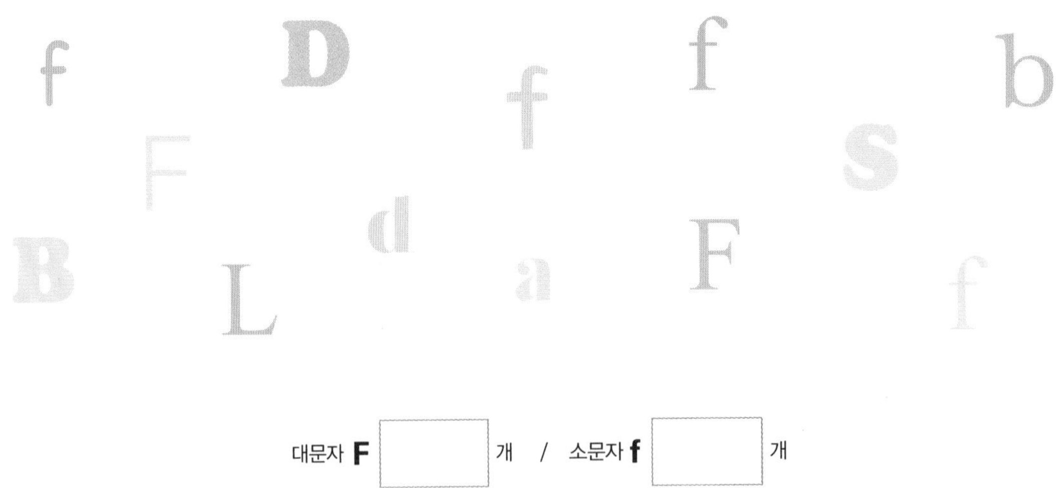

대문자 F [ ] 개 / 소문자 f [ ] 개

따라 써 보세요.

① ② ③

F F F

① ②

f f f

단어를 완성해 보세요.

여우

f ox

ox

물고기

f ish

ish

[쥐]

시작 시 분 종료 시 분

글자를 찾아보세요.

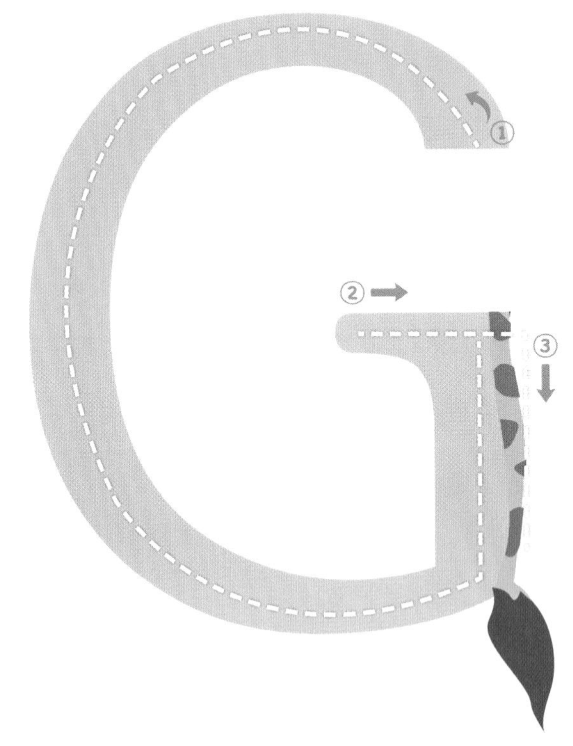

대문자 G와 소문자 g를 찾아 동그라미를 하고, 그 개수를 세어 보세요.

대문자 G [ ] 개 / 소문자 g [ ] 개

따라 써 보세요.

G G G

g g g

단어를 완성해 보세요.

기린

g iraffe

iraffe

거위

g oose

oose

[에이취]

시작 시 분 종료 시 분

글자를 찾아보세요.

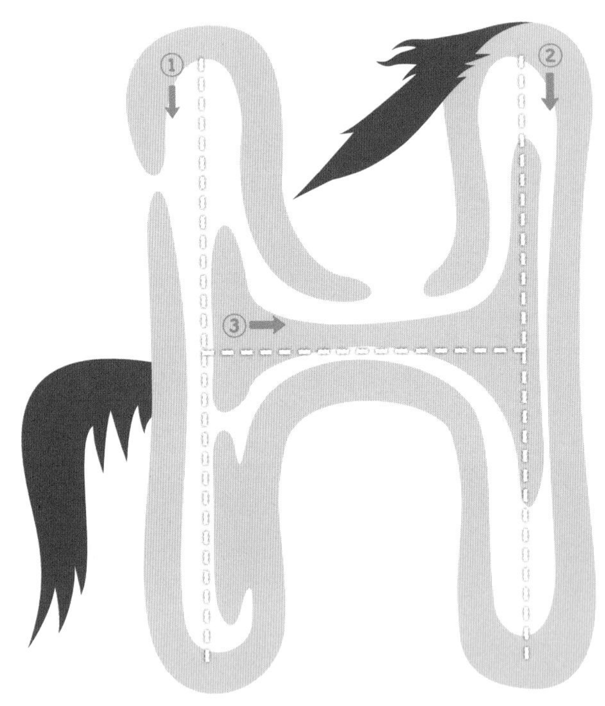

대문자 H와 소문자 h를 찾아 동그라미를 하고, 그 개수를 세어 보세요.

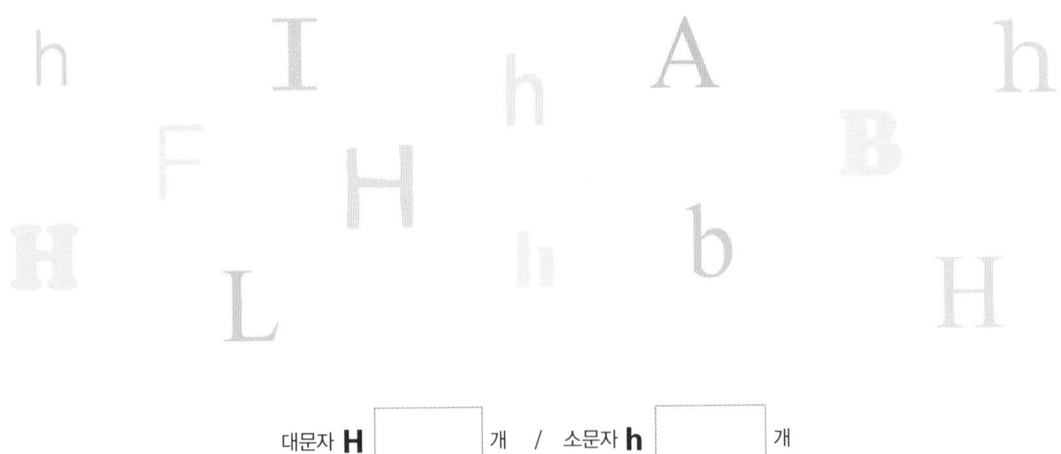

대문자 **H** [ ] 개 / 소문자 **h** [ ] 개

따라 써 보세요.

H H H

h h h

단어를 완성해 보세요.

말

h orse　　orse

하마

h ippo　　ippo

[아이]

시작 시 분 종료 시 분

글자를 찾아보세요.

대문자 I와 소문자 i를 찾아 동그라미를 하고, 그 개수를 세어 보세요.

i I I i
d B
a
D I b a i

대문자 I ___ 개 / 소문자 i ___ 개

따라 써 보세요.

I I I

i i i

단어를 완성해 보세요.

이구아나

i guana

guana

임팔라

i mpala

mpala

[제이]

시작 시 분 종료 시 분

글자를 찾아보세요.

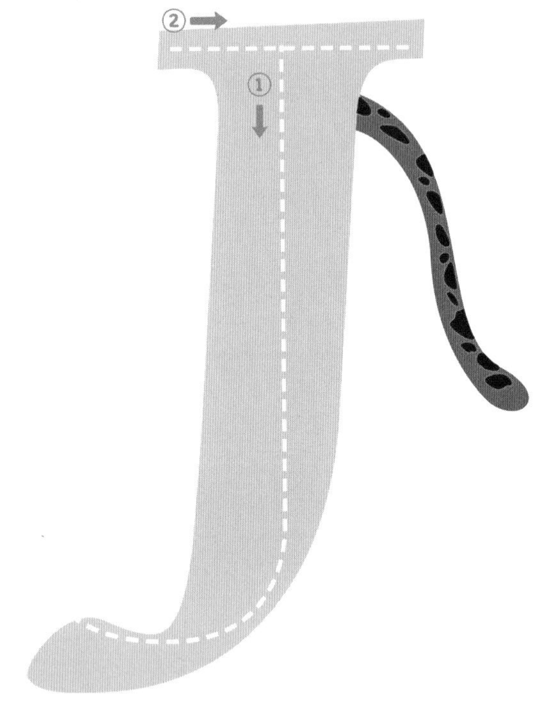

대문자 J와 소문자 j를 찾아 동그라미를 하고, 그 개수를 세어 보세요.

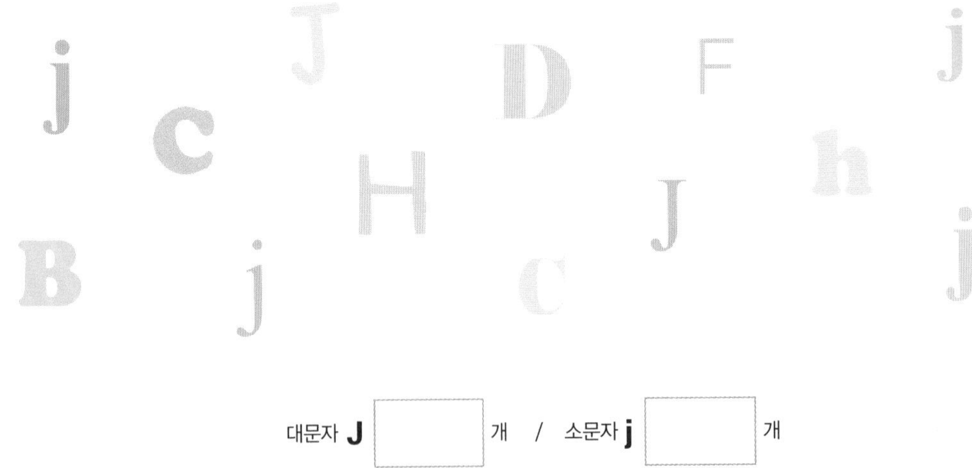

대문자 **J** [ ] 개 / 소문자 **j** [ ] 개

따라 써 보세요.

② ① J J J

① ② j j j

단어를 완성해 보세요.

재규어

j aguar

aguar

해파리

j ellyfish

ellyfish

[케이]

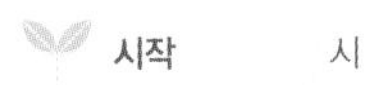

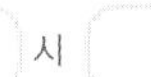

시작 시 분 종료 시 분

글자를 찾아보세요.

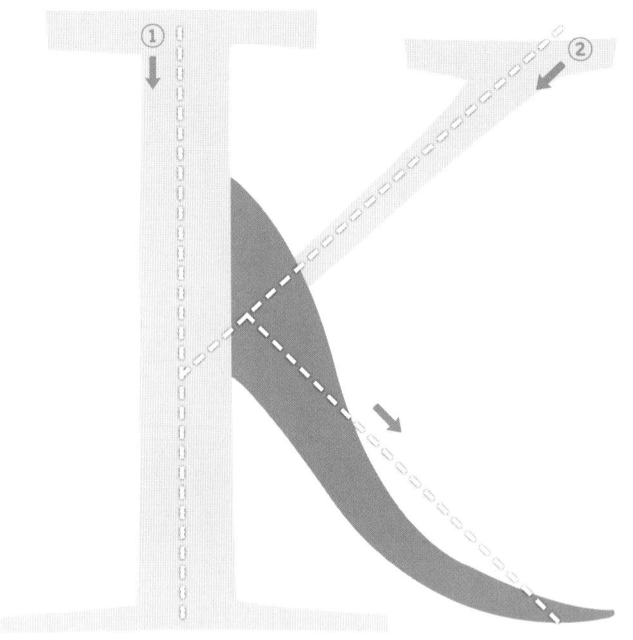

대문자 K와 소문자 k를 찾아 동그라미를 하고, 그 개수를 세어 보세요.

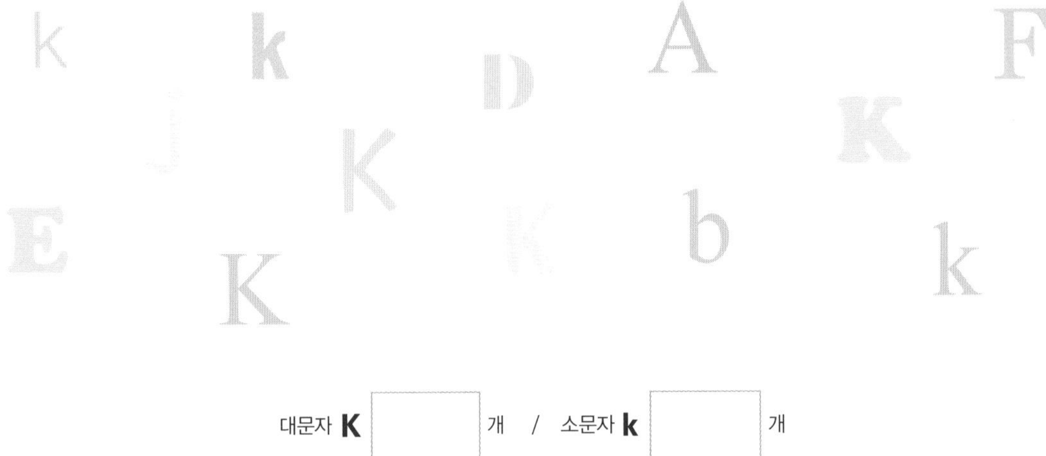

대문자 **K** [ ] 개 / 소문자 **k** [ ] 개

따라 써 보세요.

K K K

k k k

단어를 완성해 보세요.

코알라

k oala

oala

캥거루

k angaroo

angaroo

글자를 찾아보세요.

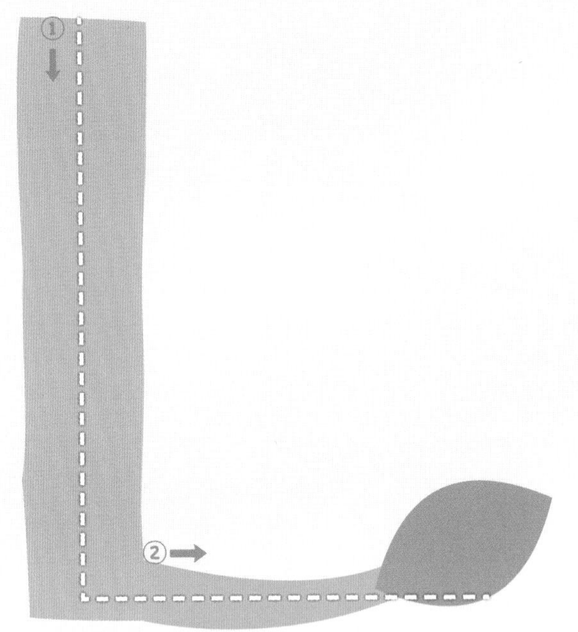

대문자 L와 소문자 l를 찾아 동그라미를 하고, 그 개수를 세어 보세요.

대문자 L [ ] 개 / 소문자 l [ ] 개

따라 써 보세요.

L L L

l l l

단어를 완성해 보세요.

사자

l ion

ion

표범

l eopard

eopard

A 알파벳 순서대로 번호를 쓰고 번호에 맞춰 소문자를 써 보세요

F J K I G L H

1

소문자

B 다음 알파벳으로 시작하는 동물을 찾아 색칠해 보세요.

1 f •

•

2 h •

•

3 i •

•

4 l •

•

시작 시 분 종료 시 분

C 빈칸을 알맞은 알파벳을 쓰세요.

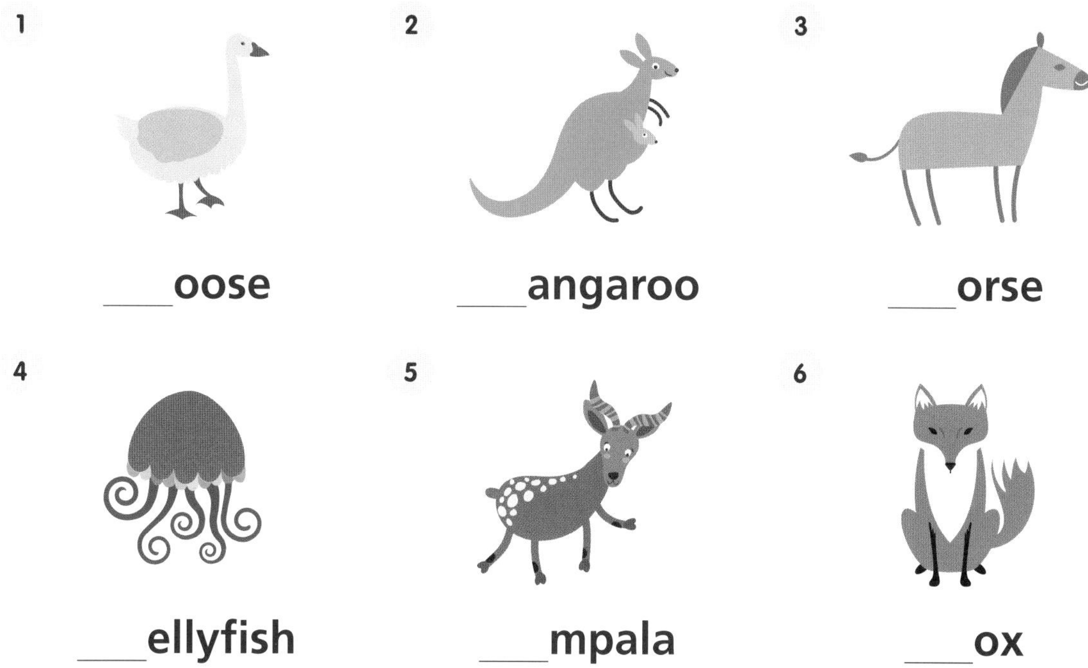

D 같은 알파벳끼리 연결해 보세요.

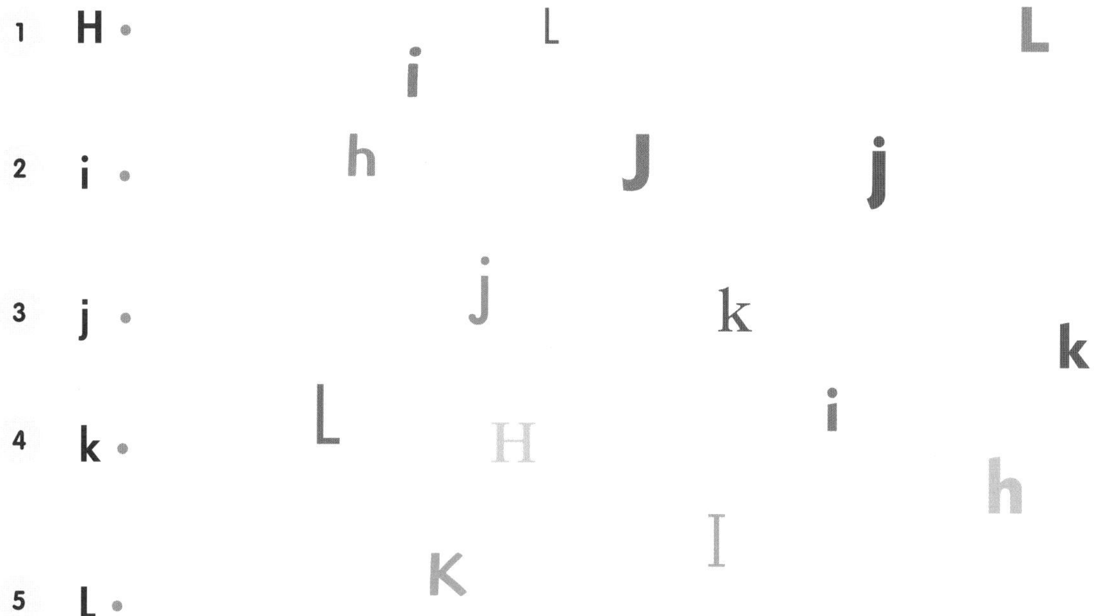

[엠]  시작 시 분  종료  시  분

 **글자를 찾아보세요.**

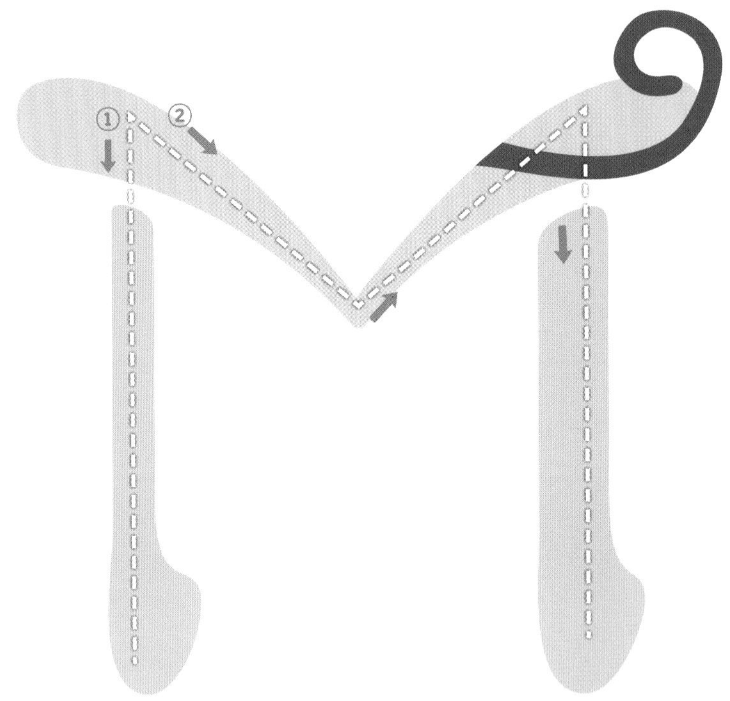

대문자 M와 소문자 m를 찾아 동그라미를 하고, 그 개수를 세어 보세요.

F c R M m

b B

m m

K M a M

대문자 **M** ☐ 개 / 소문자 **m** ☐ 개

따라 써 보세요.

M M M

m m m

단어를 완성해 보세요.

쥐

m ouse

ouse

원숭이

m onkey

onkey

[엔]

시작 시 분 종료 시 분

글자를 찾아보세요.

대문자 N와 소문자 n를 찾아 동그라미를 하고, 그 개수를 세어 보세요.

대문자 **N** [ ] 개 / 소문자 **n** [ ] 개

따라 써 보세요.

N N N

n n n

단어를 완성해 보세요.

도롱뇽

n ewt ewt

나이팅게일

n ighti n gale ighti gale

글자를 찾아보세요.

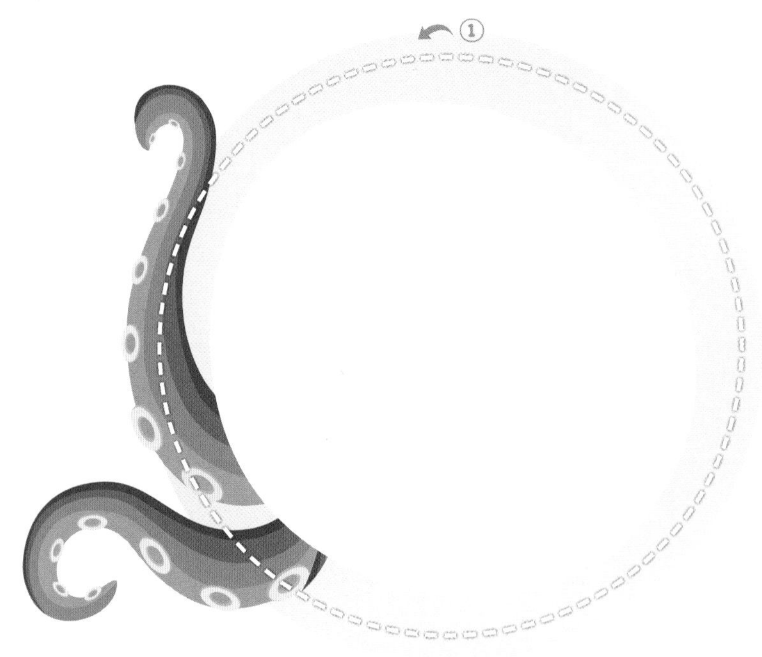

대문자 O와 소문자 o를 찾아 동그라미를 하고, 그 개수를 세어 보세요.

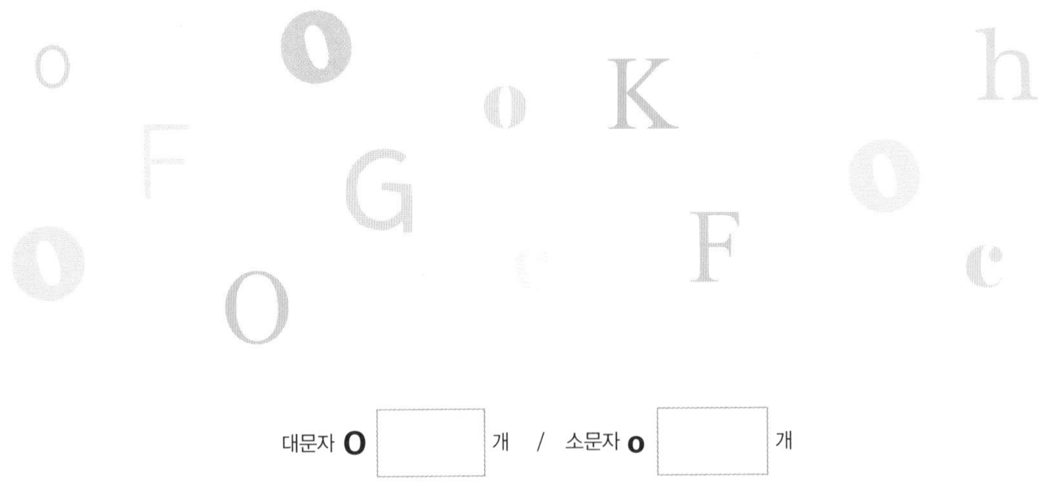

대문자 O [ ] 개 / 소문자 o [ ] 개

따라 써 보세요.

O O O

o o o

단어를 완성해 보세요.

부엉이

o wl　　 wl

문어

o ct o pus　　 ct pus

[피]

시작 시 분 종료 시 분

글자를 찾아보세요.

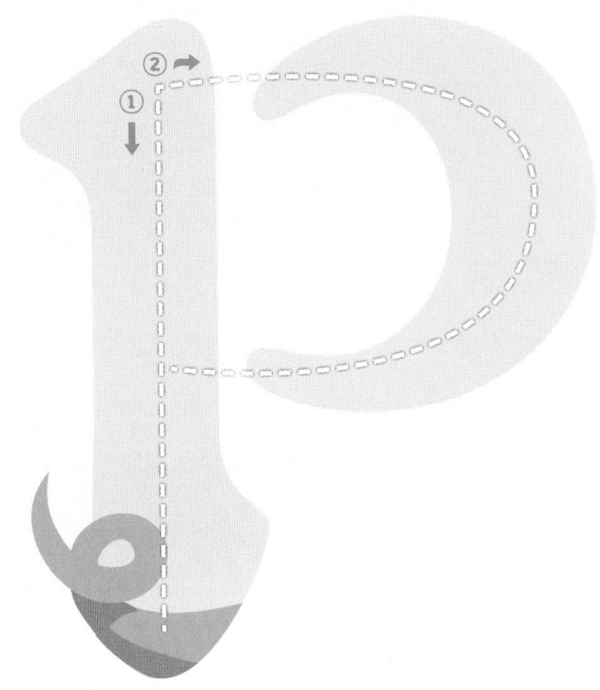

대문자 P와 소문자 p를 찾아 동그라미를 하고, 그 개수를 세어 보세요.

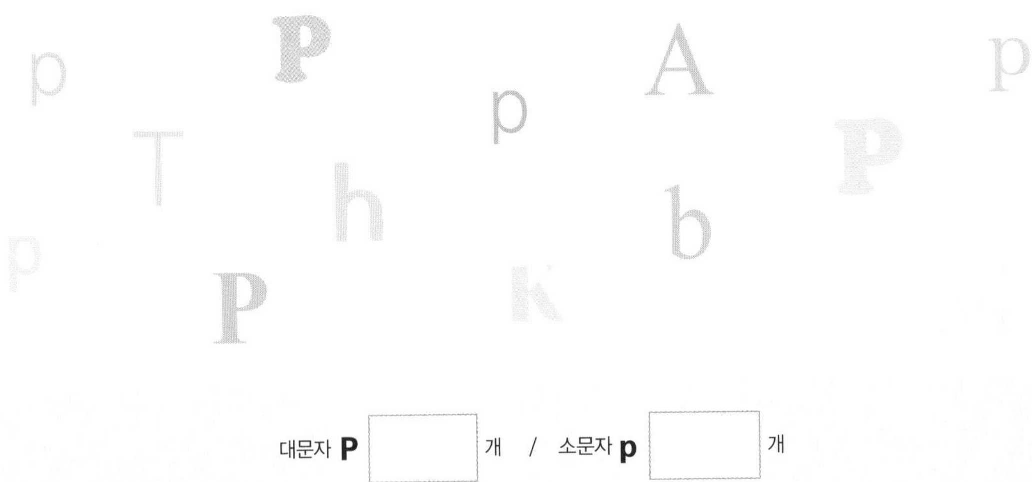

대문자 **P** [ ] 개 / 소문자 **p** [ ] 개

따라 써 보세요.

P P P

p p p

단어를 완성해 보세요.

돼지

p ig ig

펭귄

p enguin enguin

[큐]

시작 시 분 종료 시 분

글자를 찾아보세요.

대문자 Q와 소문자 q를 찾아 동그라미를 하고, 그 개수를 세어 보세요.

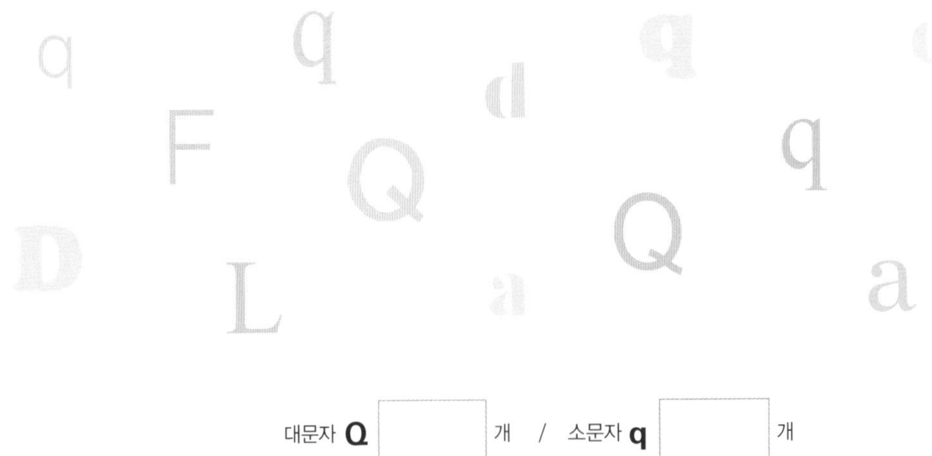

대문자 **Q** [ ] 개 / 소문자 **q** [ ] 개

따라 써 보세요.

Q Q Q

q q q

단어를 완성해 보세요.

메추라기

q uail

uail

주머니고양이

q uoll

uoll

[알]

시작 시 분 종료 시 분

글자를 찾아보세요.

대문자 R와 소문자 r를 찾아 동그라미를 하고, 그 개수를 세어 보세요.

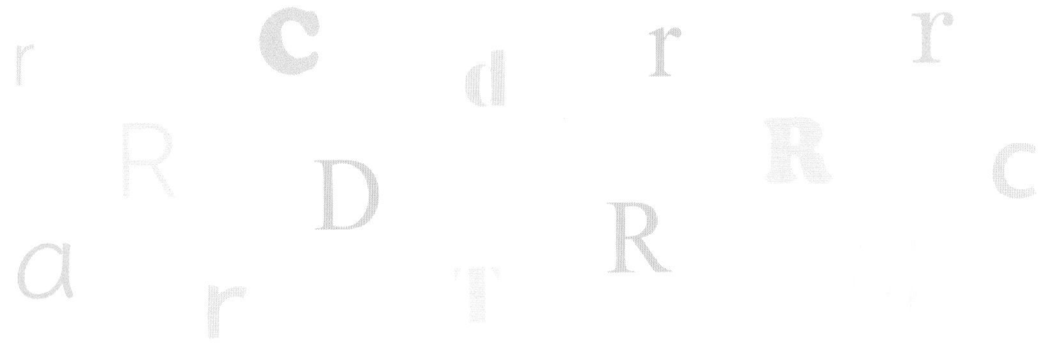

대문자 **R** ☐ 개 / 소문자 **r** ☐ 개

따라 써 보세요.

R R R

r r r

단어를 완성해 보세요.

토끼

r abbit

abbit

너구리

r accoon

accoon

[에스]

시작 시 분 종료 시 분

글자를 찾아보세요.

대문자 S와 소문자 s를 찾아 동그라미를 하고, 그 개수를 세어 보세요.

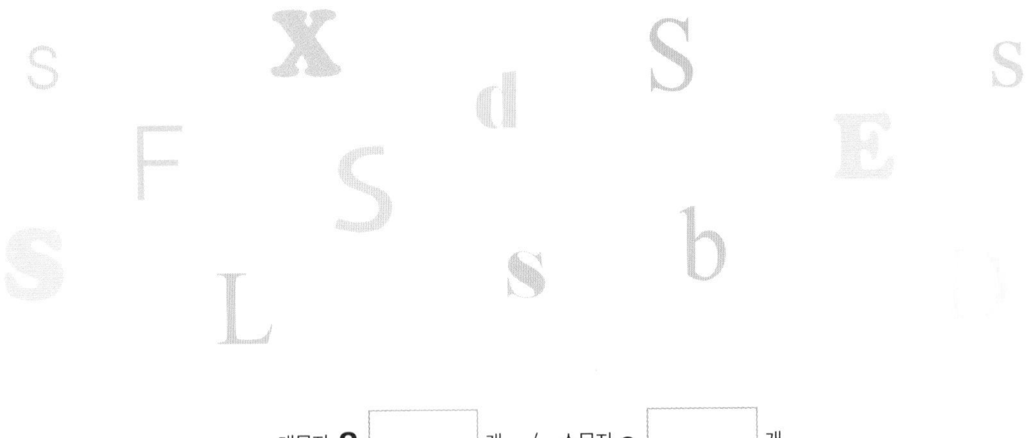

대문자 **S** 개 / 소문자 **s** 개

따라 써 보세요.

S S S

s s s

단어를 완성해 보세요.

뱀

s nake | nake

새우

s hrimp | hrimp

A 알파벳 순서대로 번호를 쓰고 번호에 맞춰 소문자를 써 보세요

M O S N P Q R

1

소문자

B 다음 알파벳으로 시작하는 동물을 찾아 색칠해 보세요.

1 m •

2 o •

3 p •

4 q •

시작 시 분 종료 시 분

C 빈칸을 알맞은 알파벳을 쓰세요.

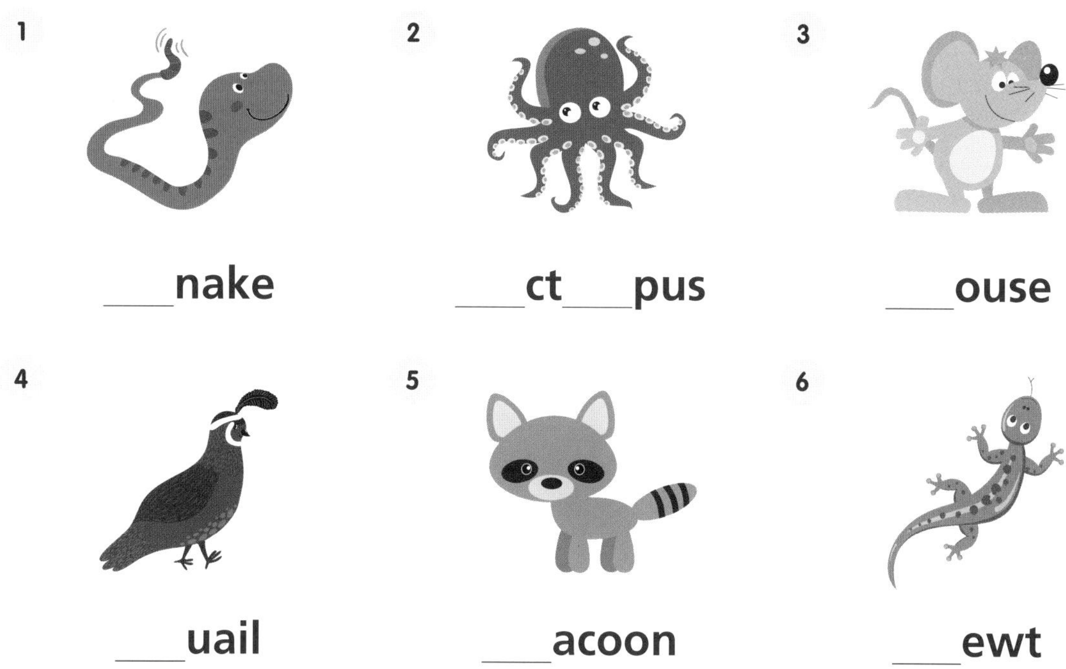

D 같은 알파벳끼리 연결해 보세요.

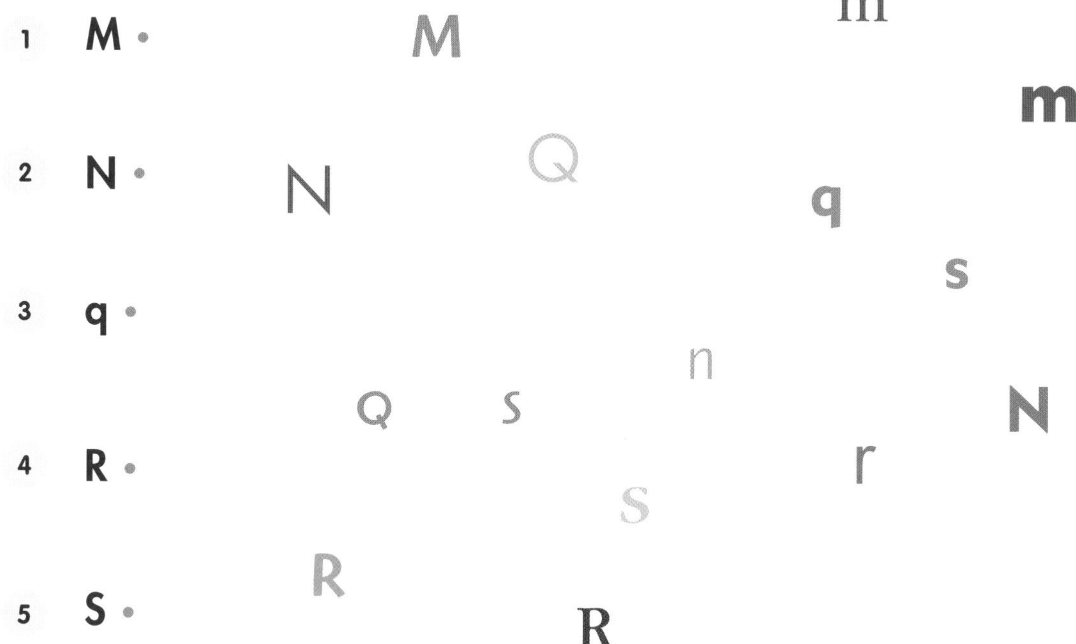

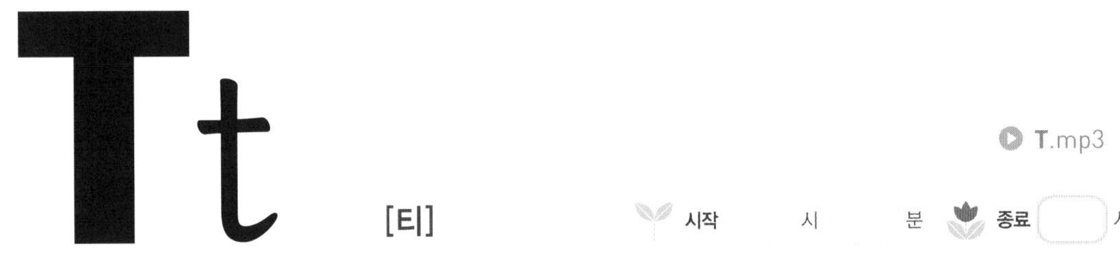

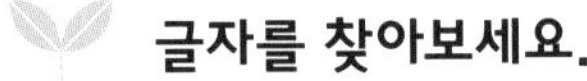

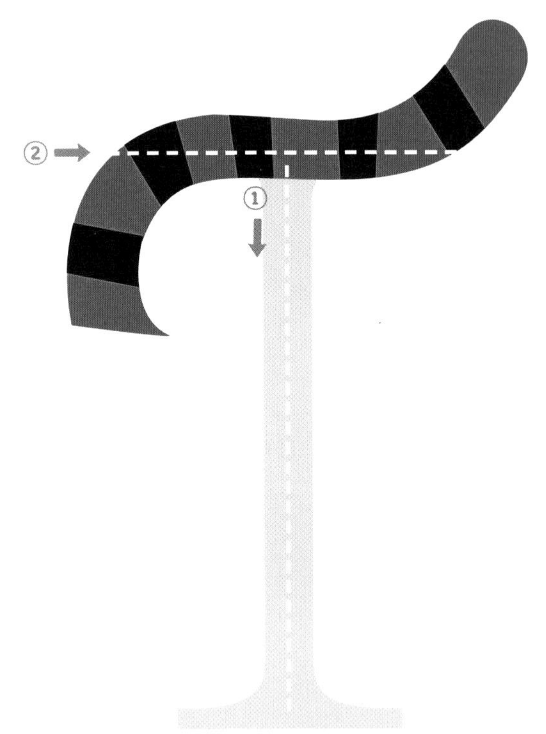

대문자 T와 소문자 t를 찾아 동그라미를 하고, 그 개수를 세어 보세요.

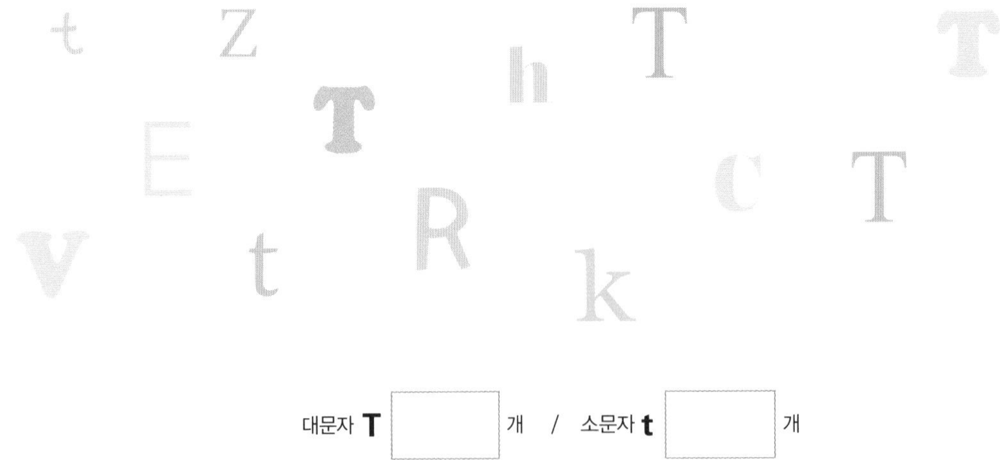

대문자 T [ ] 개 / 소문자 t [ ] 개

따라 써 보세요.

① ②

T T T

t t t

단어를 완성해 보세요.

호랑이

t iger

iger

칠면조

t urkey

urkey

[유]

시작 시 분 종료 시 분

글자를 찾아보세요.

대문자 U와 소문자 u를 찾아 동그라미를 하고, 그 개수를 세어 보세요.

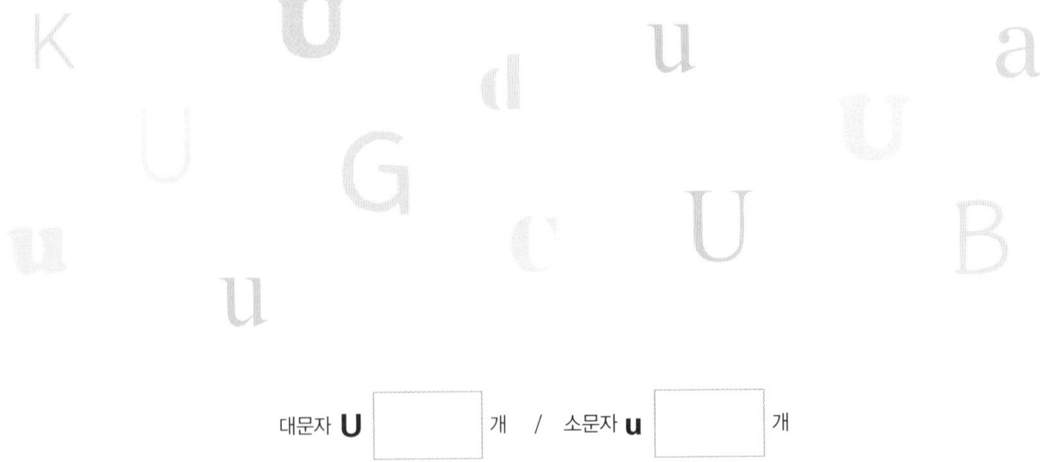

대문자 **U** [ ] 개 / 소문자 **u** [ ] 개

따라 써 보세요.

U U U

u u u

단어를 완성해 보세요.

우아카리원숭이

u akari　　akari

유니콘

u nicorn　　nicorn

[브이]

V.mp3

시작 시 분 종료 시 분

글자를 찾아보세요.

대문자 V와 소문자 v를 찾아 동그라미를 하고, 그 개수를 세어 보세요.

대문자 **V** [ ] 개 / 소문자 **v** [ ] 개

따라 써 보세요.

V V V

v v v

단어를 완성해 보세요.

독수리

v ulture

ulture

흡혈박쥐

v ampire bat

ampire bat

[더블유]  시작 시 분  종료 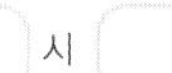 시 분

 **글자를 찾아보세요.**

대문자 W와 소문자 w를 찾아 동그라미를 하고, 그 개수를 세어 보세요.

대문자 **W** [ ] 개 / 소문자 **w** [ ] 개

따라 써 보세요.

W W W

w w w

단어를 완성해 보세요.

늑대

w olf

olf

고래

w hale

hale

[엑스]

시작 시 분 종료 시 분

글자를 찾아보세요.

대문자 X와 소문자 x를 찾아 동그라미를 하고, 그 개수를 세어 보세요.

x C X G X
X X N B
R t s a X

대문자 X 개 / 소문자 x 개

따라 써 보세요.

X X X

x x x

단어를 완성해 보세요.

투명어

X -ray fish

-ray fish

아프리카 땅다람쥐

x erus

erus

글자를 찾아보세요.

대문자 Y와 소문자 y를 찾아 동그라미를 하고, 그 개수를 세어 보세요.

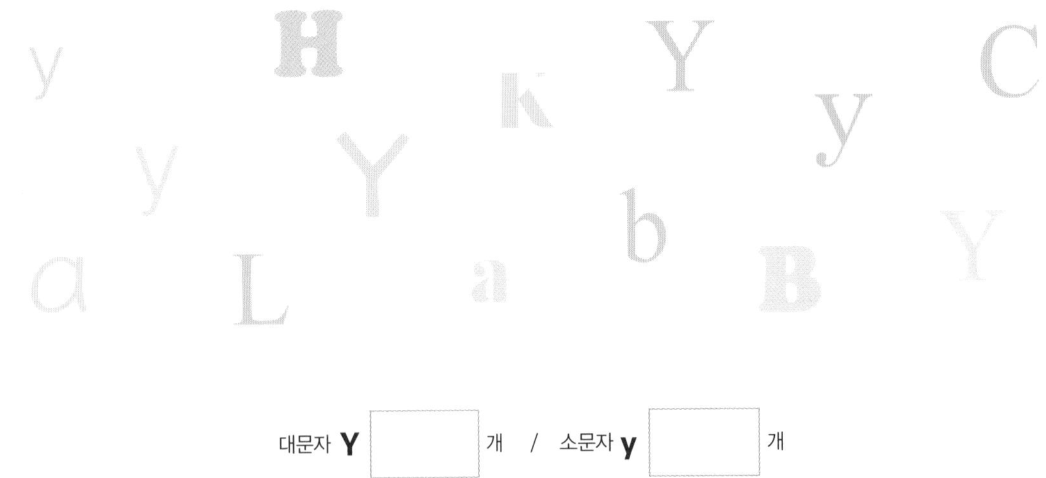

대문자 **Y** [ ] 개 / 소문자 **y** [ ] 개

따라 써 보세요.

Y Y Y

y y y

단어를 완성해 보세요.

야크

y ak

ak

요크셔 테리어

y orkie

orkie

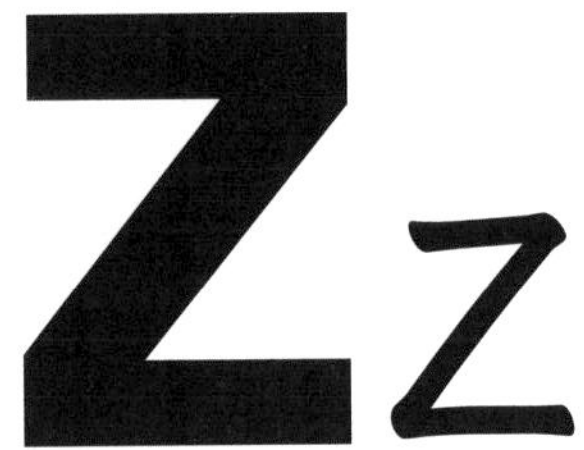

[지]

시작 시 분 종료 시 분

글자를 찾아보세요.

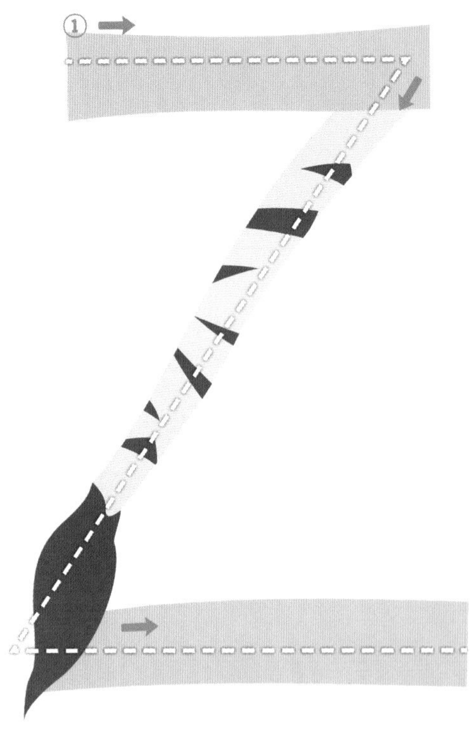

대문자 Z와 소문자 z를 찾아 동그라미를 하고, 그 개수를 세어 보세요.

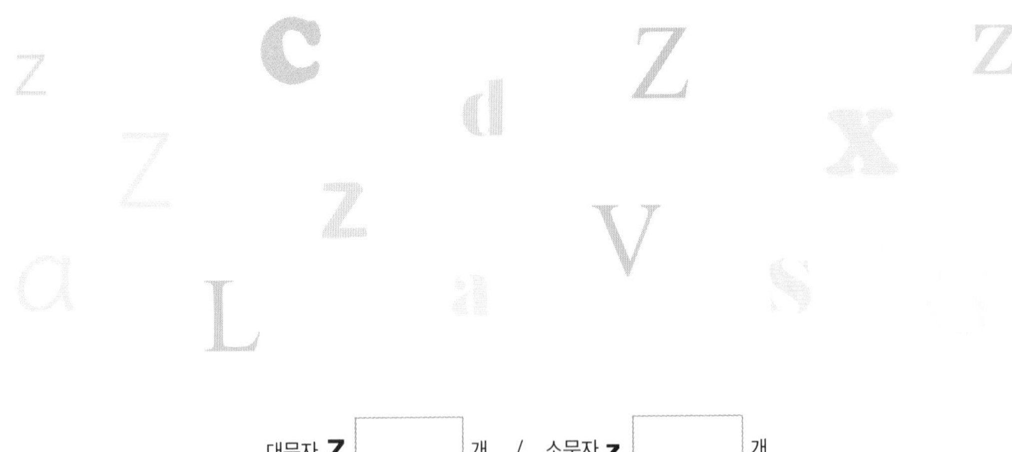

대문자 Z ☐ 개 / 소문자 z ☐ 개

따라 써 보세요.

Z Z Z

z z z

단어를 완성해 보세요.

얼룩말

z ebra

ebra

동물원

z oo

oo

A 알파벳 순서대로 번호를 쓰고 번호에 맞춰 소문자를 써 보세요

T	Z	U	X	W	Y	V
1						

소문자

B 다음 알파벳으로 시작하는 동물을 찾아 색칠해 보세요.

1 t •

2 v •

3 y •

4 z •

시작 시 분 종료 시 분

C 빈칸을 알맞은 알파벳을 쓰세요.

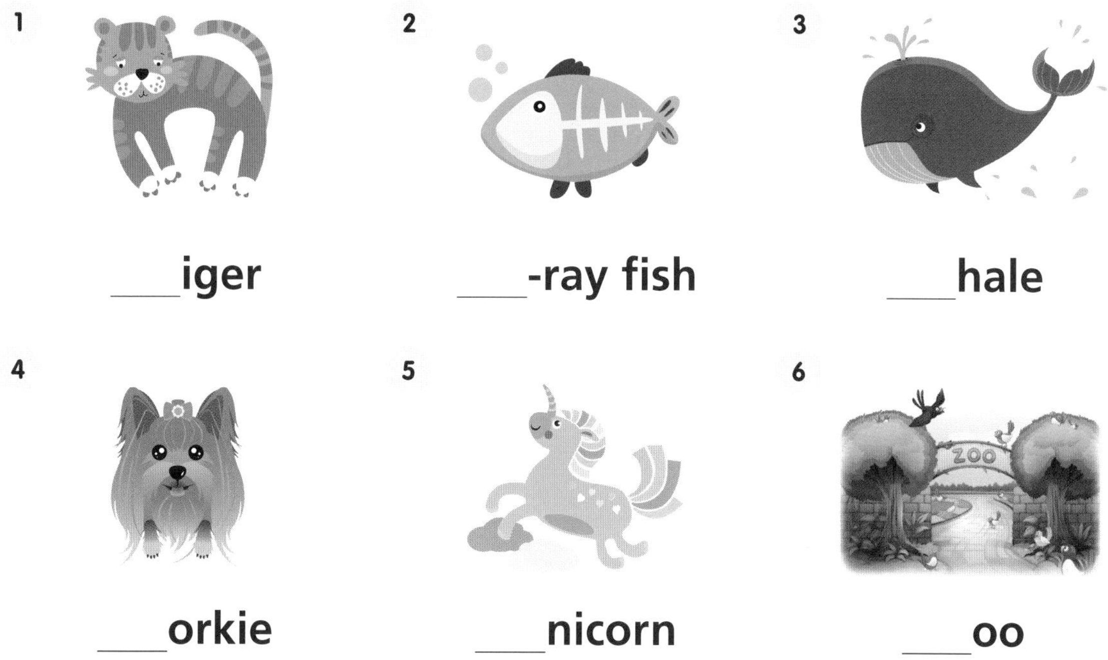

D 같은 알파벳끼리 연결해 보세요.

A부터 F까지 쓰기

- 대문자 A부터 F까지 순서대로 써 보세요.

A B C D E F

- 소문자 a부터 f까지 순서대로 써 보세요.

a b c d e f

G부터 M까지 쓰기

시작 시 분

종료 시 분

● 대문자 G부터 M까지 순서대로 써 보세요.

G H I J K L M

● 소문자 g부터 m까지 순서대로 써 보세요.

g h i j k l m

N부터 S까지 쓰기

시작 시 분

종료 시 분

● 대문자 N부터 S까지 순서대로 써 보세요.

N O P Q R S

● 소문자 n부터 s까지 순서대로 써 보세요.

n o p q r s

T부터 Z까지 쓰기

시작 시 분

종료 시 분

대문자 T부터 Z까지 순서대로 써 보세요.

T U V W X Y Z

소문자 t부터 z까지 순서대로 써 보세요.

t u v w x y z

대문자

A부터 Z까지 쓰기

● 대문자 A부터 F까지 순서대로 써 보세요.

A B C D E F G H I J K L

M N O P Q R S T U V W

X Y Z

소문자
a부터 z까지 쓰기

시작 시 분

종료 시 분

● 소문자 a부터 z까지 순서대로 써 보세요.

a b c d e f g h i j k l

m n o p q r s t u v w

x y z

Numbers 1~5

숫자 1~5

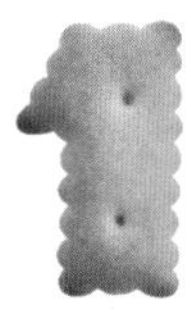

one

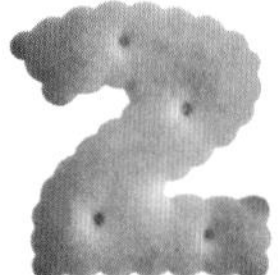

two

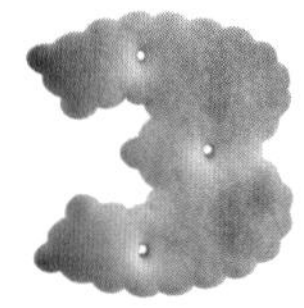

three

four

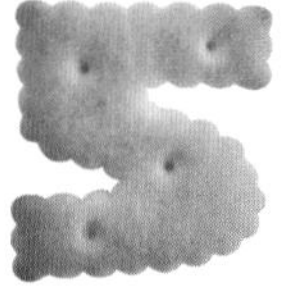

five

● 따라 써 보세요.

one

하나

two

둘

셋

넷

다섯

Numbers 6~10

숫자 6~10

시작 시 분

종료 시 분

words2.mp3

six

seven

eight

nine

ten

● 따라 써 보세요.

six

여섯

seven

일곱

eight

여덟

nine

아홉

ten

열

Colors

색 words3.mp3

시작 시 분

종료 시 분

words3.mp3

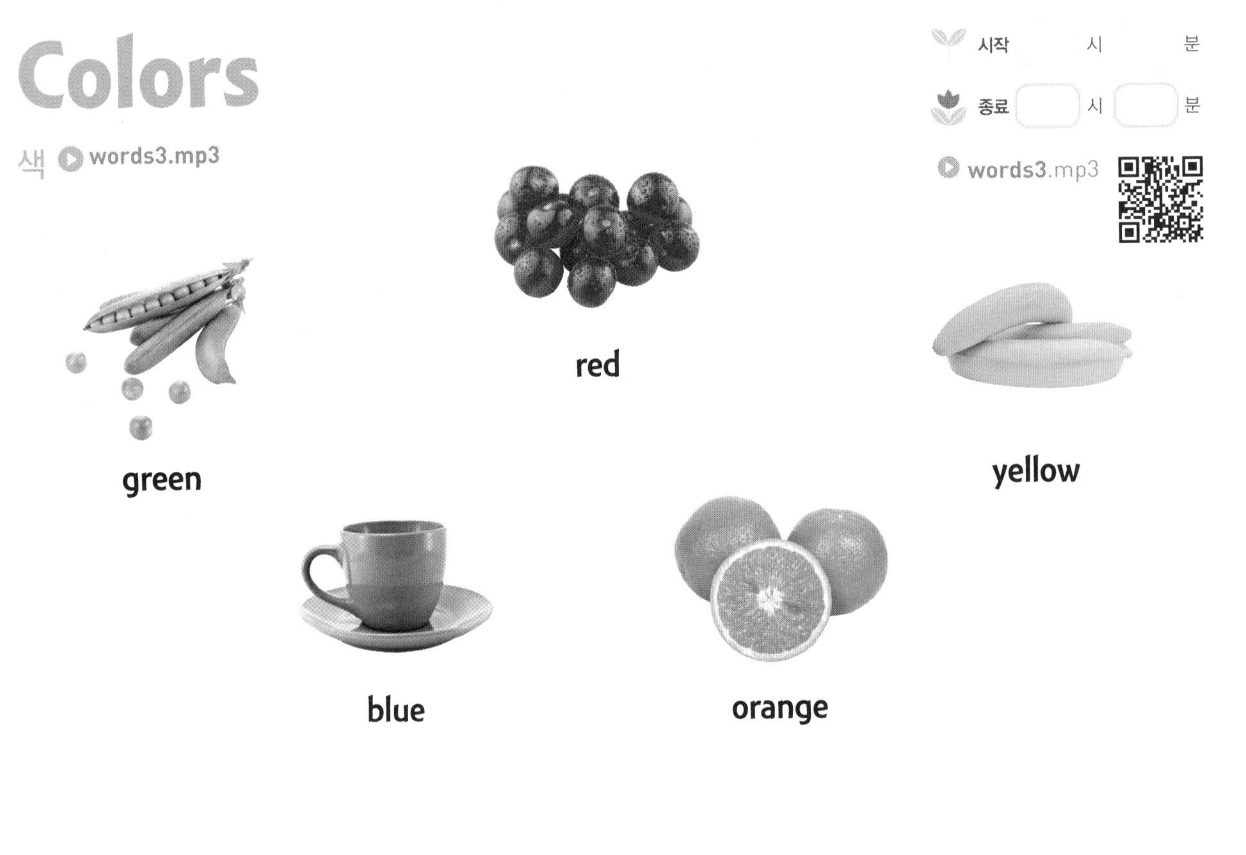

따라 써 보세요.

green

초록

red

빨강

yellow

노랑

blue

파랑

orange

주황

A day
하루

시작 시 분

종료 시 분

words4.mp3

morning

noon

afternoon

evening

night

따라 써 보세요.

morning
아침

noon
낮 12시, 정오

afternoon
오후

evening
저녁

night
밤

Weekdays
평일

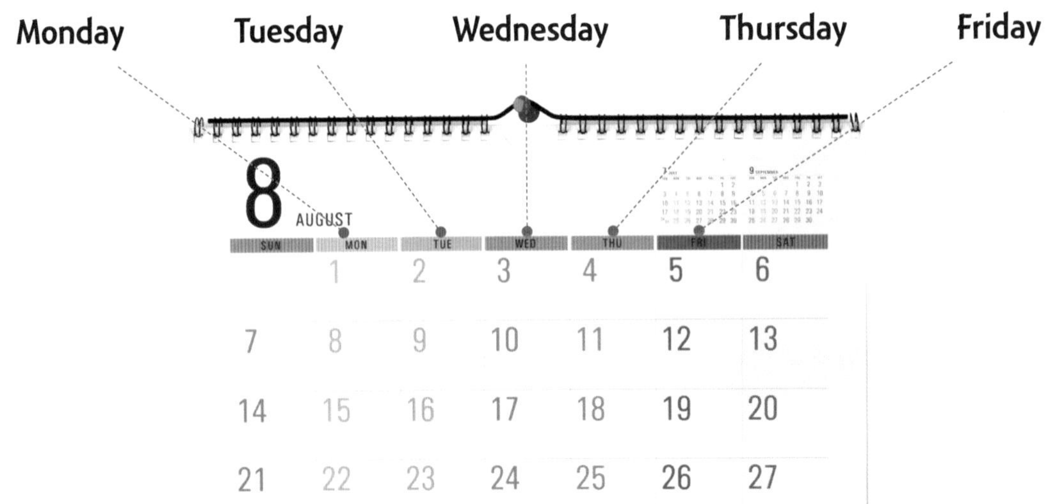

따라 써 보세요.

Monday
월요일

Tuesday
화요일

Wednesday
수요일

Thursday
목요일

Friday
금요일

Foods
음식

시작 시 분

종료 시 분

words6.mp3

apple

rice

soda

salad

water

따라 써 보세요.

apple

사과

rice

쌀, 밥

soda

탄산음료

salad

샐러드

water

물

A playground

놀이터

시작 시 분

종료 시 분

words7.mp3

play

sand

slide

swing

seesaw

따라 써 보세요.

play

놀다

sand

모래

slide

미끄럼틀

swing

그네

seesaw

시소

My family

우리 가족

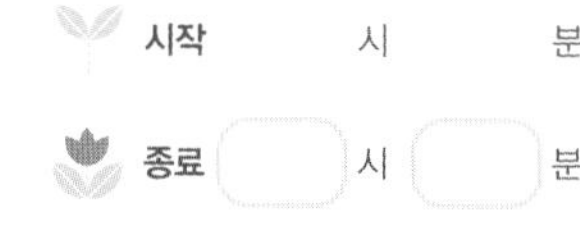

words8.mp3

dad

mom

brother

me

sister

● 따라 써 보세요.

dad

아빠

mom

엄마

brother

남동생, 오빠

sister

여동생, 언니

me

나

My school

우리 학교 words9.mp3

words9.mp3

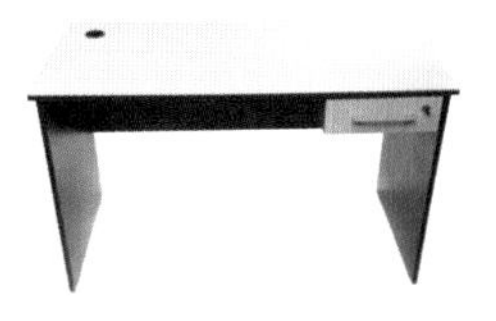

chair

book

desk

friend

teacher

- 따라 써 보세요.

desk

책상

chair

의자

book

책

friend

친구

teacher

선생님

My town

우리 동네 words9.mp3

시작 시 분

종료 시 분

words10.mp3

house

library

school

subway

store

따라 써 보세요.

house

집

library

도서관

school

학교

subway

지하철

store

가게

Answer 정답

A p. 6 대문자 A 2개, 소문자 a 4개

B p. 8 대문자 B 3개, 소문자 b 3개

C p. 10 대문자 C 3개, 소문자 c 4개

D p. 12 대문자 D 4개, 소문자 d 2개

E p. 14 대문자 E 3개, 소문자 e 2개

Review A ~ E pp. 16~17

A 1 3 2 4 5

소문자 a b c d e

B

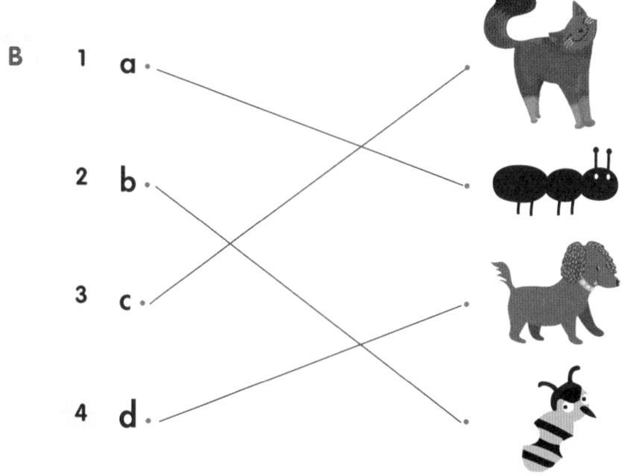

C
1 alligator
2 cow
3 elephant
4 deer
5 bird
6 eagle

D
1 a
2 b
3 c
4 d
5 E

F p. 18 대문자 F 2개, 소문자 f 4개

G p. 20 대문자 G 3개, 소문자 g 3개

H p. 22 대문자 H 3개, 소문자 h 4개

I p. 24 대문자 I 3개, 소문자 i 3개

J p. 26 대문자 J 2개, 소문자 j 4개

K p. 28 대문자 K 4개, 소문자 k 3개

L p. 30 대문자 L 3개, 소문자 l 3개

Review F ~ L pp. 32~33

A 1 5 6 4 2 7 3

소문자 f g h i j k l

B

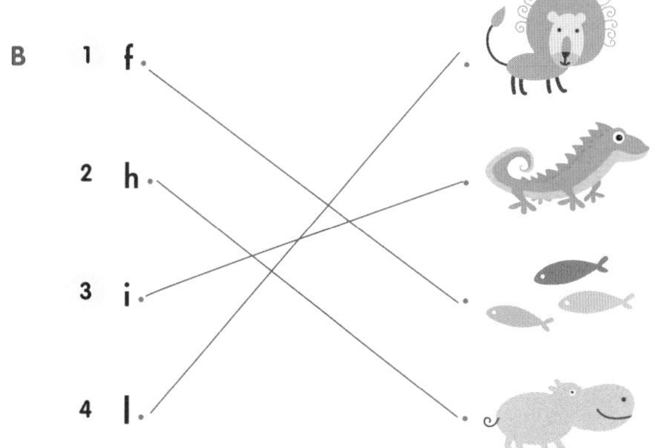

C
1 goose
2 kangaroo
3 horse
4 jellyfish
5 impala
6 fox

D
1 H
2 i
3 j
4 k
5 L

M p. 34 대문자 M 3개, 소문자 m 3개

N p. 36 대문자 N 1개, 소문자 n 5개

O p. 38 대문자 O 4개, 소문자 o 3개

P p. 40 대문자 P 3개, 소문자 p 4개

Q p. 42 대문자 Q 2개, 소문자 q 4개

R p. 44 대문자 R 3개, 소문자 r 4개

S p. 46 대문자 S 3개, 소문자 s 3개

T p. 50 대문자 T 4개, 소문자 t 2개

U p. 52 대문자 U 4개, 소문자 u 3개

V p. 54 대문자 V 3개, 소문자 v 4개

W p. 56 대문자 W 3개, 소문자 w 3개

X p. 58 대문자 X 2개, 소문자 x 4개

Y p. 60 대문자 Y 3개, 소문자 y 3개

Z p. 62 대문자 Z 2개, 소문자 z 3개

Review M~S pp. 48~49

A 1 3 7 2 4 5 6

소문자 m n o p q r s

B

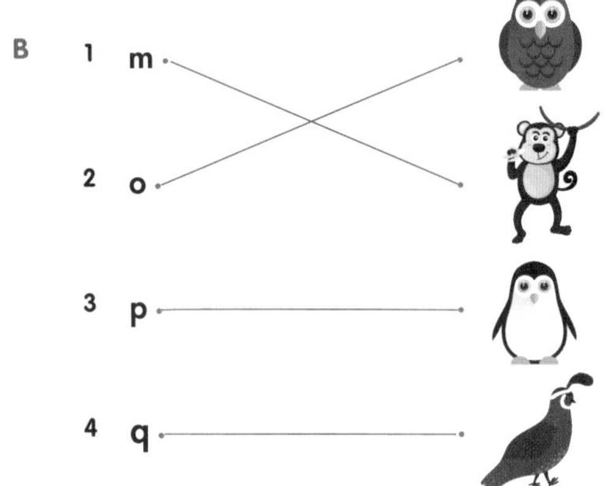

C

1 snake 4 quail

2 octopus 5 raccoon

3 mouse 6 newt

D

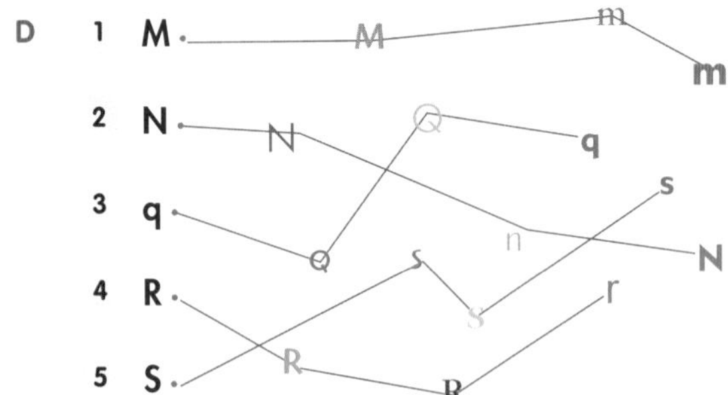

Review T~Z pp. 64~65

A 1 7 2 5 4 6 3

소문자 t u v w x y z

B

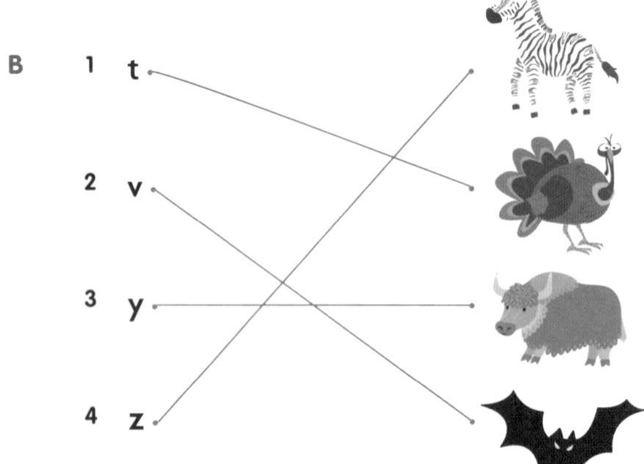

C

1 tiger 4 yorkie

2 x-ray fish 5 unicorn

3 whale 6 zoo

D

1 U

2 V

3 W

4 X

5 Z

알파벳 플래시 카드

이미지는 선명하고 빠르게 머리에 새겨지기 때문에
플래시 카드는 쉽고 재미있게 알파벳을 기억하게 하는 좋은 활동 교구예요.
선을 따라 오려 다양하게 활용하세요.

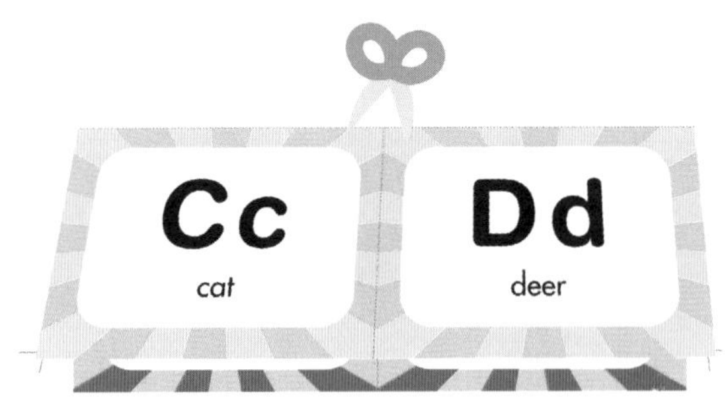

How to Use

Line Up Game

알파벳 순으로 동물 그림을 배열하게 하세요. 알파벳 순서를 배울 수 있어요.

Flash Game

플래시 카드의 동물 그림을 하나씩 넘기면서 학습자에게 보여주고 알맞은 알파벳을 말하게 하세요.
한 단계 더 나아가 동물의 이름을 맞추게 하는 것도 좋아요.

Memory Game

플래시 카드를 알파벳 또는 그림이 모두 위로 오도록 바닥에 펼쳐 놓아요.
그리고 동물의 영어 이름을 불러 주면 학습자가 알맞은 카드를 고르게 해보세요.

Aa

alligator

Bb

bee

Cc

cat

Dd

deer

Ee

eagle

Ff

fox

Gg

giraffe

Hh

hippo

Ii

iguana

Jj

jaguar

Kk

kangaroo

Ll

lion

Mm

monkey

Nn

newt

Oo

octopus

Pp

pig

Qq

quail

Rr

rabbit

Ss

snake

Tt

tiger

Uu

uakari

Vv

vulture

Ww

wolf

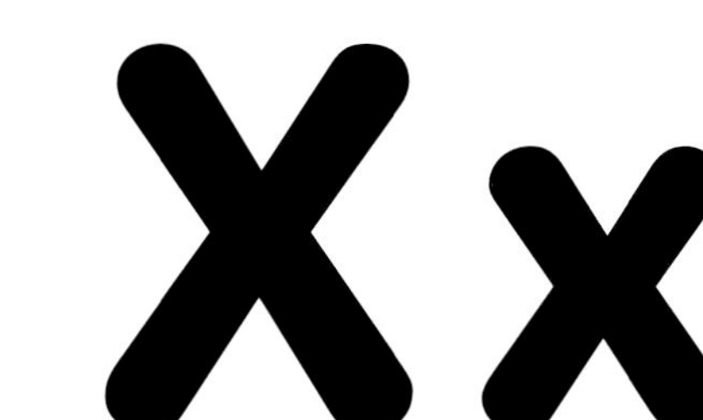

Xx

x-ray fish

Y y

yak

Z z

zebra

A
alligator

B
bee

C
cat

D
deer

E
eagle

F
fox

G
giraffe

H
hippo

I
iguana

J
jaguar

K
kangaroo

L
lion

M
monkey

N
newt

O
octopus

P
pig

Q
quail

R
rabbit

S
snake

T
tiger

U
uakari

V
vulture

W
wolf

X

x-ray fish

Y
yak

Z
zebra

영어 알파벳 처음 쓰기
Alphabet ZOO

a
alligator

b
bee

c
cat

d
deer

e
eagle

f
fox

g
giraffe

h
hippo

i
iguana

j
jaguar

k
kangaroo

l
lion

m
monkey

n
newt

o
octopus

p
pig

q
quail

r
rabbit

s
snake

t
tiger

u
uakari

v
vulture

w
wolf

x
x-ray fish

y
yak

z
zebra

영어 알파벳 처음 쓰기
Alphabet ZOO